Für

Leonie und Jona

Jörg Rosenstock

Sehen wir uns im Jenseits wieder?

Ist mit dem Tod alles aus?

Luther-Verlag

Bibliographische Information der Deutschen Nationalbibliothek
Die Deutsche Nationalbibliothek verzeichnet diese Publikation in der Deutschen Nationalbibliographie; detaillierte bibliographische Daten sind im Internet über http://dnb.d-nb.de abrufbar.

ISBN: 978-3-7858-0589-3

Umwelthinweis:
Dieses Buch wurde auf chlorfrei gebleichtem Papier gedruckt.

Umschlaggestaltung: Dipl.-Grafikdesignerin Eva Dietsche, Bochum
Satz: Luther-Verlag Bielefeld
Druck und Bindung: ROSCH-BUCH Druckerei GmbH, Scheßlitz
Printed in Germany

INHALT

EINFÜHRUNG

Diesseits,
das ist unsere Welt, unsere Liebe,
unsere Hoffnung, unsere Freude,
unser Schmerz.
Das sind unsere Beziehungen,
unsere Eltern, unsere Kinder.
Das sind wir, solange wir leben.

Wenn wir im christlichen Sinne
vom *Jenseits* sprechen,
meinen wir den Himmel,
als Ort der Gegenwart Gottes.
Den Himmel, von dem es
im „Vater Unser" heißt:
„Dein Wille geschehe,
wie im Himmel so auf Erden".
Diese Gegenwart wird auch „Paradies" genannt
oder das „Himmelreich"
oder „Gott von Angesicht zu Angesicht sehen".

Einmal in der Woche
stehe ich auf dem Friedhof
und verabschiede mich von einem Menschen,
der gestorben ist.

Der Tod gehört zu meinem Beruf
und der Friedhof zu meinem Lebensumfeld.

Wenige Tage zuvor, oft abends,
sitze ich mit den Angehörigen zusammen.

Wenn ich sie frage:
„Woran hat der Verstorbene geglaubt?“,
ist die Antwort meist:
„Wir haben nie darüber gesprochen!“

Dann kommt die Gegenfrage:
„Woran glauben Sie denn, Herr Pastor?“
Diese Frage zielt nicht nur auf meinen Beruf ab.
Darum ist meine Antwort persönlich.
Sie hat mit meinen eigenen Trauererfahrungen
zu tun,
mit meiner Faszination für Naturwissenschaften,
mit meiner persönlichen Suche
nach einer Antwort,
mit meinen Erfahrungen mit Gott.

Was mich trägt und
wovon ich zutiefst überzeugt bin,
habe ich in diesem Buch aufgeschrieben.
Am Sterbebett und im Trauergespräch
kann ich es nur kurz sagen:

Der Körper vergeht.
Gott hält uns geborgen.
Die Liebe bleibt.

Und wie ist es mit den Menschen,
die uns vorausgegangen sind?
Können wir, dürfen wir auch darauf hoffen,
dass wir uns wieder sehen?
Meine Antwort lautet:
Ja, wir sehen uns wieder!

Wir alle

werden

sterben

Texte aus der Bibel:

Lehre uns bedenken,
dass wir sterben müssen,
auf dass wir klug werden.
Psalm 90,12

Ein Mensch ist in seinem Leben wie Gras,
er blüht wie eine Blume auf dem Feld;
wenn der Wind darüber geht,
so ist sie nicht mehr da.
Psalm 103,15.16

Die Bedeutung für mich:

Mein Körper vergeht.
Meine Lebenszeit ist begrenzt,
auch darum ist sie so kostbar.

Kapitel 1

Wir alle werden sterben

Wie ich dazu komme:

In dem Film „Der Club der toten Dichter“ konfrontiert der Englischlehrer John Keating seine Schüler mit einem Gedicht von Walt Whiteman. Der Text lautet:

> „Pflückt Rosenknospen,
> solange es geht.
> Die Zeit sehr schnell Euch enteilt.
> Dieselbe Blume,
> die heute noch steht,
> ist morgen dem Tode geweiht.“

Nun zeigt der Lehrer seinen Schülern die Bilder
der Abschlussjahrgänge vergangener Zeiten,
alles junge erwartungsvolle Menschen.
Keating sagt zu den Bildern:
„Eure Vorgänger dienen alle
schon den Blumen als Dünger. Darum:
Carpe diem! Nutzt Eure Zeit."

Das menschliche Leben ist endlich!
Diese Aussage wirkt nicht besonders neu.
Aber: *Leben Sie Ihre Endlichkeit?*

Ein durchgehendes,
wichtiges Thema der Bibel
ist der Tod.
Und die Bibel sagt, es ist wichtig,
sich über die eigene Endlichkeit
im Klaren zu sein:

> Lehre uns bedenken,
> dass wir sterben müssen,
> auf dass wir klug werden.
> Psalm 90,12

Der Mensch wurde von Gott geschaffen,
wurde aus Erde gemacht.
So ist er irdisch, also sterblich.

„Im Schweiße deines Angesichts
sollst du dein Brot essen,
bis du wieder zu Erde wirst,
von der du genommen bist.
Denn du bist Erde
und sollst zu Erde werden."
(1. Mose 3,19)

Der geschaffene Mensch ist der Zeit und
dem Tod unterworfen. Unser Leben ist,
wie Erich Kästner einmal treffend bemerkte,
„immer lebensgefährlich".

In der Bibel wird von der schönen Erfahrung
erzählt,
dass der Tod die Vollendung eines Lebens
sein kann.
So wird von Abraham und Isaak berichtet,
dass beide im hohen Alter lebenssatt starben
(1. Mose 25,8; 35,29).

Doch das ist die Ausnahme.
Das Leben des Menschen
bleibt meist unabgeschlossen und bricht jäh ab.
Der Tod ist mit Schmerz verbunden für den,
der geht, und für die, die zurück bleiben.
Eine Lücke bleibt frei. Ein Platz bleibt leer.

Weil unser Leben endlich ist, ist es auch kostbar.
Oft mache ich die Erfahrung
nach einem Todesfall,
dass den Angehörigen diese Kostbarkeit
des Lebens bewusst wird
und andere Schwerpunkte
im Leben gebildet werden.
Beziehungen werden wichtiger.

Auch wenn das menschliche Leben endlich ist,
so hat doch jedes Leben etwas Einmaliges.
Biblisch gesehen ist der Mensch mehr
als eine Ansammlung von Sternenstaub.
Gott haucht ihm das Leben ein (1. Mose 2,7).
Der Mensch wird sich seiner selbst bewusst,
denkt und empfindet und
gestaltet seine Beziehungen.
Der Mensch bekommt die Aufgabe, seine
Freiheit zu leben und die Welt zu gestalten.
Und auch Gott liegt an seiner Beziehung
zu den Menschen.
Er spricht den Menschen an und
lässt mit sich reden und nennt ihn sein *Ebenbild.*

Nach einigen Texten des Ersten Testamentes
endet diese Geschichte zwischen Gott und
Mensch mit dem individuellen Tod:

„Du nimmst ihren Atem zurück –
sie sterben, werden wieder zu Staub.
Du schickst deinen Atem –
sie werden geschaffen.“

So fasst Psalm 104,29 das Leben
des Menschen zusammen.

Die Toten sind aus dem
Machtbereich Gottes ausgeschieden.
Gott wird allein als der Gott
der Lebenden beschrieben:

„Denn im Tod gedenkt man deiner nicht,
wer wird im Totenreich dich preisen?“
(Psalm 6,6)

Die moderne Sichtweise,
dass mit dem Tod der ganze Mensch
ausgelöscht wird,
ist dem biblischen Menschen fremd.
Eine Vorstellung ist die,
dass der Tote in das Totenreich gelangt.
Er hat gerade noch so viel Lebensenergie,
dass er „als Schatten“ weiter existiert
(Jesaja 26,19; 1. Samuel 28,4 ff.).

Dort wird er zu seiner bereits
verstorbenen Familie versammelt
wie Abraham und König Rehabeam
(1. Mose 25,8; 1. Könige 14,31).

Der Alttestamentler Otto Kaiser folgert:

> „Und wenn es für die Israeliten einen mit
> dem Tode verbundenen Hoffnungsschimmer
> gab, war es eben der,
> in seinem Tode leiblich und als Schatten
> in dem Geschlechterverband geborgen
> zu bleiben."

Doch es gibt im Alten Testament
auch eine andere Auffassung,
der wir im nächsten Kapitel nachgehen.

Impulse zum Nachdenken:

1. Bevor Sie weiterlesen: Was meinen Sie? Ist mit dem Tod alles zu Ende?

2. Stellen Sie sich vor, Ihre Beziehung zu Gott endet mit Ihrem Tod. Aber Sie sehen danach die Verstorbenen wieder. Was löst diese Vorstellung bei Ihnen aus?

Meine Überlegungen:

____

____

____

____

Liedvorschläge:

EG 528.1
Ach wie flüchtig, ach wie nichtig
ist der Menschen Leben!
Wie ein Nebel bald entstehet
und auch wieder bald vergehet,
so ist unser Leben, sehet!

EG 518.1

Mitten wir im Leben sind
mit dem Tod umfangen.
Wer ist, der uns Hilfe bringt,
dass wir Gnad erlangen?
Das bist du, Herr, alleine.

Auferstanden

– Für mich

Texte aus der Bibel:

„Heute wirst Du mit mir im Paradies sein."
Lukas 23,43

„Gibt es keine Auferstehung der Toten,
so ist auch Christus nicht auferstanden.
Ist aber Christus nicht auferstanden,
so ist auch Euer Glaube vergeblich."
1. Korinther 15,13.14

„Denn dazu ist Christus gestorben
Und wieder lebendig geworden,
dass er über Tote und Lebende Herr sei."
Römer 14,8b.9

Die Bedeutung für mich:

Die Auferstehung Jesu zeigt mir,
dass Gott stärker ist als der Tod.

Kapitel 2

Auferstanden – Für mich

Wie ich dazu komme:

Muss der Kontakt,
den Gott zu einem Menschen aufgebaut hat,
mit dem Tod enden?
Hat Gottes Macht Grenzen?

In vielen Texten des Alten Testaments
leuchtet die Hoffnung auf,
mit Gott in Beziehung zu bleiben
über den eigenen Tod hinaus!

> „Du hältst mich bei meiner rechten Hand
> und nimmst mich am Ende in Ehren auf.

Wenn auch mein Fleisch
und mein Herz vergehen,
mein Fels und Anteil für immer ist Gott."
(Psalm 73,24.26)

„Allein Gott kann meine Seele erlösen
aus der Hand des Totenreiches,
wenn er mich nimmt."
(Psalm 49,16)

„Vor Jahwe gibt es demnach nicht nur die Alternative zwischen diesem Leben und dem Schattendasein in der Totenwelt, sondern eine andauernde Lebensverbundenheit mit ihm als eine dritte Möglichkeit."
(Hans Walter Wolff, Alttestamentler)

Schon im Alten Testament gibt es also
die konkrete Hoffnung,
dass sich Gott dem Tod gegenüber
als der Stärkere erweist.
Dass die Verbindung
zwischen Mensch und Gott
mit dem Tod nicht endet,
sondern über unseren Tod hinaus Bestand hat.
Weitere Beispiele sind:
Psalm 16,10; 63,4; 139,8; Jesaja 26,19.

Im Neuen Testament wird
diese Hoffnung eingelöst!
Einig sind sich alle (!) Texte darin,
dass Jesus wirklich durch Gottes Kraft
den Tod überwunden hat.
Darin besteht ja gerade die „frohe Botschaft"
der Christen, dass dem Tod
eine Grenze gesetzt wurde.
Dass Gott Jesus aus dem Tod heraus
zu sich genommen hat.

Jesus Christus ist derjenige,
durch den Gott die Macht des Todes
auf dramatische Weise gebrochen hat!

> „Die Menschen des Neuen Testaments
> sind getragen, ja fasziniert
> von der Gewissheit,
> dass der Getötete nicht
> im Tod geblieben ist,
> sondern lebt,
> und dass, wer an ihn sich hält und nachfolgt,
> ebenfalls leben wird."
> (Hans Küng)

Die Auferstehung Jesu ist
ein wahres, wirkliches, tatsächliches Ereignis.
Es ist die Tat Gottes.

Jesus wird im Neuen Testament weder
als „Religionsstifter" dargestellt,
noch als „Lehrer der Menschlichkeit",
noch als „Erleuchteter".
Für die Botschaft Jesu hätte kein Schriftsteller
die Feder gezückt,
wäre es nicht die Botschaft des Jesus Christus,
der den Tod überwunden hat.
Hier ist wirklich etwas Neues
und Einmaliges geschehen.
Hier ist nicht nur der Verstorbene
in Gottes Gegenwart hineingenommen worden.
Hier hat sich der Verstorbene
als Auferstandener vielen Menschen gezeigt.

Manchmal wird behauptet,
dass die Auferstehung dem modernen
naturwissenschaftlichen Weltbild widerspricht.
Viele Naturwissenschaftler sehen das anders!
Die Erkenntnisse der heutigen Naturwissen-
schaften entziehen sich ja gerade
dem „gesunden Menschenverstand".
Einsteins Relativitätstheorie,
die Quantenphysik Heisenbergs,
die einfache Frage: „Woraus besteht Licht?", –
sie alle führen in Widersprüche hinein,
die der Realität deutlich näher kommen,
als die Alltagslogik.

Wer sich für den christlichen Glauben
eines Naturwissenschaftlers interessiert,
der wird bei John Polkinghorne fündig,
der zum Phänomen der Einmaligkeit schreibt:

> „So wird man doch auf keinen Fall sagen
> können, dass der Verweis auf einmalige
> Ereignisse als solcher irrational sei."
> (John Polkinghorne, S. 25)

Man unterstellt den Zeugen der Auferstehung
Jesu psychische Trauerverarbeitungsprozesse
und behauptet, man könne nach 2000 Jahren
besser verstehen, welche innerpsychischen
Erlebnisse sie hatten als sie selber.

Aber man vergisst dabei etwas Wesentliches:
Für die, die Jesus als den Auferstandenen
erlebt haben, war es
eine überwältigende Gotteserfahrung.
Diese Erfahrung machte sie froh und mutig
und sie waren bereit,
dafür ihr eigenes Leben einzusetzen.

Ich glaube ihnen. Mich haben sie überzeugt.
Ich habe Vertrauen darin, dass Paulus
in seinem 1. Brief an die Korinther von
echten Erfahrungen berichtet, wenn er schreibt:

„… dass er Petrus erschienen ist,
danach den Zwölfen.
Danach erschien er mehr als
fünfhundert Brüdern auf einmal,
von denen die meisten noch heute leben,
einige sind aber gestorben.
Danach erschien er Jakobus,
danach allen Aposteln.
Zuletzt von allen erschien er mir,
der ich eine Totgeburt war."

Petrus, Paulus und der leibliche Bruder Jesu
sind namentlich benannt.
Außerdem der engste Kreis um Jesus.
Und mehr als 500 Menschen haben
den Auferstandenen erfahren.
Man muss sich einmal klar machen:
Als Paulus das schreibt,
leben die meisten dieser Zeugen noch.
Man kann sie alle noch dazu befragen.

Zunächst hat man den Eindruck,
dass sich Jesus nur seinen Anhängern zeigt,
aber dann bleibt man an dem Wort
„Totgeburt" hängen.
Warum nennt sich Paulus eine Totgeburt?
Als junger Mann hatte Paulus
die Christen verfolgt.

Er bekämpfte ihren lockeren Umgang
mit dem jüdischen Gesetz
und er bekämpfte ihren neuen Glauben,
Gott habe eben diesen Jesus
von den Toten auferweckt.
Paulus schreckte den Christen gegenüber
auch vor Mord nicht zurück
(Apostelgeschichte 7,58).

Dann macht er diese Erfahrung,
die sein Leben grundsätzlich verändert.
Als der Auferstandene ihm begegnet,
ist er nicht darauf vorbereitet
(Apostelgeschichte 9,3).
Weil Paulus an der Ermordung von Christen
beteiligt war, nennt er sich eine Totgeburt.
Es tut ihm unendlich leid!
Denn diese überwältigende Begegnung
mit dem Auferstandenen
lässt ihn fortan auf Gewalt verzichten
und verändert sein Leben.

Ihm wird klar,
dass Jesus und Gott zusammen gehören.
Ihm wird klar, dass Jesus, durch Gottes Macht,
den Tod wirklich endgültig überwunden hat.
Ihm wird klar, dass dieses Ereignis
für alle Menschen von größter Bedeutung ist,

für Juden und für Heiden.
Die Kraft des Todes wurde gebrochen.
Das Kreuz Jesu wird
zum Siegeszeichen über den Tod.

> „Die Auferstehung und (...) das Leben
> der christlichen Gemeinschaft
> haben erkennen lassen,
> dass der Opfertod Christi auf Golgatha
> Ursprung und Grund der Versöhnung
> von Gott und Mensch ist.
> In seinem Kreuz liegt unsere Hoffnung
> auf die Vollendung unseres Lebens
> in Gottes neuer Schöpfung begründet."
> (John Polkinghorne, S. 75)

Christus ist für mich auferstanden!
Durch seine Auferstehung hat Jesus Christus
den Weg frei gemacht
hinein in die Gegenwart Gottes.
Aufgrund seines Todes
darf ich mit der Gewissheit sterben,
dass Gott auch mich durch meinen Tod
hindurchträgt in seine Ewigkeit hinein.
So wie Jesus es seinem Mitgekreuzigten zusagt:

> „Heute wirst Du mit mir im Paradies sein"
> (Lukas 23,42).

Ein Gebet von Olga Pooch
drückt diese Gewissheit
in mich berührenden Worten
einfach und klar aus:

„Du großer Gott,
der Du weit über den Wolken thronst,
der Du weißt, wo das Glück in den Hütten wohnt,
Du kennst der Menschen Gebrechen,
Du kennst auch ihre Schwächen,
Du kennst die Freude und das Leid,
durch Dich finden wir den Weg zur Ewigkeit!“[1]
(Quellennachweis s. S. 117)

Meine Überlegungen:

Impulse zum Nachdenken:

1. „Ist noch nie einer zurückgekommen!“
   wird gern gesagt, wenn man vom Tod redet.
   Wie sieht der Apostel Paulus das?

2. Wen halten Sie für stärker,
   Gott oder der Tod?

Liedvorschläge:

EG 115.6
Jesus lebt, mit ihm auch ich!
Tod, wo sind nun deine Schrecken?
Er, er lebt und wird auch mich
von den Toten auferwecken.
Er verklärt mich in sein Licht,
dies ist meine Zuversicht.

EG 66.2
Jesus ist kommen, nun springen die Bande,
Stricke des Todes, die reißen entzwei.
Unser Durchbrecher ist nunmehr vorhanden;
er, der Sohn Gottes, der machet recht frei,
bringet zu Ehren aus Sünde und Schande;
Jesus ist kommen, nun springen die Bande.

Meine Seele

Texte aus der Bibel:

Allein Gott kann meine Seele erlösen
Aus der Hand des Totenreiches,
wenn er mich nimmt.
Psalm 49,16

Und fürchtet euch nicht vor denen,
die den Körper töten,
doch die Seele nicht töten können.
Matthäus 10,28

Ich habe Lust,
aus der Welt zu scheiden
und bei Christus zu sein.
Philipper 1,23

Die Bedeutung für mich:

Was von mir
über meinen Tod hinaus
mit Gott in Beziehung bleibt,
nenne ich meine Seele.

Kapitel 3

Meine Seele

Wie ich dazu komme:

Der evangelische Theologe Jörg Zink
vergleicht unseren Tod mit einer Tür.

„Es gibt im Leben ein Gesetz,
dass, wenn sich eine Tür schließt,
eine andere sich auftut.
(...)
Ich bin glücklich, dass mir immer wieder
Zeichen gegeben worden sind,
an denen ich merken konnte, dass es so ist.
Dass ich am Ende meiner Zeit auf dieser Erde
hinübersehen werde über die Grenze.

Dass ich sehen werde,
wie eine große, andere Wirklichkeit
auf mich zukommt.
Denn das Alter oder die Krankheit
sind ja nicht das Ende,
sie geben uns die Ahnung
von der wunderbaren Musik der Freiheit,
die wir hören werden,
wenn wir den Schritt hinübergetan haben."
(Jörg Zink: Was kommt[2]; Quellennachweis s. S. 117)

Wenn aber unser Körper im Grab liegt,
oder verbrannt wurde und unsere Überreste
als Asche in einer Urne ruhen,
wer tut dann den Schritt hinüber
durch diese Tür?

In meinem Studium der evangelischen Theologie
habe ich gelernt,
dass Körper und Seele
mit dem Tod aufhören zu existieren,
dass Gott mich am Ende der Zeit
ganz neu erschafft,
aus seiner Erinnerung heraus.

Einige evangelische Professorinnen
und Professoren verabschiedeten sich ganz
von dem Wort „Seele".

Zu nah schien ihnen dieses Wort an
der griechischen Vorstellung der aus sich selbst
heraus bestehenden „unsterblichen Seele"
des antiken Philosophen Platons
oder der „Seelenwanderung" bei Platon
und den östlichen Religionen.

Sollen wir auf das Wort „Seele" verzichten?
Ich kann es für mich nicht!

Ich glaube nicht an die „unsterbliche Seele"
in dem Sinne, dass die Seele eine Substanz ist,
die vor dem irdischen Dasein schon
in der Sphäre des Göttlichen existierte,
dann in einen Körper eintritt,
beim Tod den Körper wieder verlässt,
um in einen neuen Körper einzutreten
mit dem Ziel Weisheit zu erlagen!
Auch für mich ist die „Wiederverkörperung"
dieser Seele in einem neuen menschlichen
Körper keine christliche Vorstellung.

Aber ich habe gemerkt, dass mir ohne „Seele"
etwas Entscheidendes fehlt.

In unserer Alltagswelt sprechen wir
von einer „guten Seele"
und meinen damit einen guten Menschen.

„Seelenlos“ möchte keiner von uns sein.
Und wer auf der See in Not gerät bittet:
„SOS! Save our souls! “
„Rette unsere Seelen!“
Ein Pfarrer sollte ein guter „Seelsorger“ sein.

Ich halte den Verzicht auf den Begriff der Seele
weder für sprachlich sinnvoll
noch für biblisch begründet.
Ich kenne kein anderes Wort,
das für die von Gott geschenkte
Identität eines Menschen steht
über den Zeitraum seines Lebens, seines Todes
und seiner Auferstehung.

Mir ist wichtig,
dass in der Bibel das Wort „Seele“,
neben weiteren Bedeutungen,
den *ganzen Menschen* meint.
So lesen wir im 1. Buch Mose, Kapitel 2,7:

> „So wurde der Mensch
> zu einer lebendigen Seele“.

Und im Psalm 30,4:

> „Gott, du hast meine Seele
> aus der Unterwelt heraufgeführt“.

Die Seele ist außerdem die Trägerin der Gefühle
(2. Mose 23,9; Hiob 19,2).
Sie ist erschrocken, verzweifelt,
unruhig, verbittert
und sie liebt (Hohes Lied 1,7)
und freut sich (Psalm 35,9).

Die Seele ist auch das,
was über unseren Tod hinaus
mit Gott in Beziehung bleibt.
So warnt Jesus (im Matthäusevangelium 10,28):

> „Und fürchtet euch nicht vor denen,
> die den Körper töten,
> doch die Seele (psyche) nicht töten können."

Jesus äußert hier die Auffassung,
dass die Seele
durch den Tod des Körpers nicht stirbt.
Die „Seele" wird hier allerdings nicht
als „Substanz" gedacht.
Sie meint, ebenso wie der Körper,
den ganzen Menschen.
Das „Ich" vor dem Tod ist im Neuen Testament
auch das „Ich" nach dem Tod.
Dieses „Ich", das den ganzen Menschen meint,
nenne ich Seele.

In dieser Weise argumentiert Jesus auch in Matthäus 16,25.26:

„Wer sein Leben erhalten will,
der wird's verlieren;
wer aber sein Leben verliert um meinetwillen,
der wird's finden.
Was hülfe es dem Menschen,
wenn er die ganze Welt gewönne
und nähme doch Schaden
an seiner Seele (psyche)?
Oder was kann der Mensch geben,
womit er seine Seele auslöse?"

Diese Aussage Jesu wird auch in Markus 8,34–37 und in Lukas 9,23–27 überliefert.

Haben Körper und Seele zu Lebzeiten
eine untrennbare Einheit gebildet,
so kann die Seele durch Gott bewahrt werden,
wenn der Körper stirbt.
Trennen sich Körper und Seele,
so bleibt die Seele der ganze Mensch.

Als „ganzer Mensch", als „Ich",
steht die Seele von Anfang an in Beziehung!
Es gibt sie nie allein.

Da ist die Beziehung der Seele
zum eigenen Körper.
Da ist die Beziehung der Seele
zu den Mitmenschen,
mit allen Gefühlen und Empfindungen.
Da ist die Beziehung zu Gott,
der sie geschaffen hat und erhält.

Besonders gut zusammengefasst finde ich
die Bedeutung der Seele bei dem
Krankenhaus-Seelsorger Dr. Erhard Weiher:

> *„Die Seele (…) hat eine ‚Vorderseite', durch die sich der Mensch als einmalige Persönlichkeit in der Welt erlebt und darstellt.*
> *Und sie hat eine ‚Rückseite', die offen ist für spirituelle Erfahrung und letztlich für eine Verbindung mit dem Göttlichen."*

Auch Paulus geht davon aus, dass die Beziehung
zwischen ihm und Gott
über seinen eigenen Tod hinaus bestehen bleibt.

> „Denn ich bin gewiss,
> dass weder Tod noch Leben,
> weder Engel noch Mächte noch Gewalten,
> weder Gegenwärtiges noch Zukünftiges,
> weder Hohes noch Tiefes

noch eine andere Kreatur
uns scheiden kann von der Liebe Gottes,
die in Jesus Christus ist, unserem Herrn."

schreibt Paulus (im Römerbrief 8,38–39).

Auch für ihn ist das „uns" vor dem Tod
das „uns" nach dem Tod.

Alles (!) hängt bei Paulus von Gottes
Beziehung zu mir ab.
Gott ist der, der die Beziehung zu mir in und
über meinen Tod hinaus aufrecht erhält.
Unser „Ich" muss mit unserem Körper vergehen,
wenn Gott es nicht bewahrt.
Gottes Liebe zu mir bleibt.
Sie wird durch den Tod nicht (!) unterbrochen.

Paulus vergleicht unseren Tod mit einem Umzug
von einem Haus in ein neues Haus.
Er schreibt im zweiten Brief an die Korinther 5,1:

„Denn wir wissen:
Wenn unser irdisches Zelthaus
abgebrochen wird,
haben wir eine Behausung von Gott,
ein nicht mit Händen gemachtes,
ewiges Haus im Himmel."

Mit dem Tod ist nicht alles aus.
Das „wir“ zieht um. Der „innere Mensch“
(2. Korinther 4,16 f.; Epheser 3,16; Römer 7,22)
bewohnt das ganze Zelt, seinen Körper.
Wenn der irdische Körper stirbt,
wird Gott den „inneren Menschen“ bewahren
und ihm wieder ein Haus schenken.
So schreibt er im 2. Korintherbrief, Kapitel 5:

„Denn darum seufzen wir auch
und sehnen uns danach,
dass wir mit unserer Behausung,
die vom Himmel ist, überkleidet werden,
weil wir dann bekleidet
und nicht nackt gefunden werden.“

Paulus schätzt den Körper als unser irdisches
Haus sehr. *Der Körper gibt dem Menschen
seine Grenze und seine Gestalt.*
Durch die Grenzen seines Körpers wird
der Mensch erst zum „Ich“ im Gegenüber
zum „Du“. Auch im Gegenüber zu Gott.

Paulus ist sich so gewiss, dass er mit
seinem Tod gleich bei Christus sein wird,
dass er Sehnsucht hat zu sterben.
Er bezeichnet den Himmel als seine *Heimat*:

„Wir sind aber getrost und haben vielmehr
Lust, den Körper zu verlassen und daheim
zu sein bei dem Herrn."
(2. Korinther 5,8 / siehe auch Philipper 1,23)

Eine an Krebs erkrankte junge Frau schreibt
unter eine ihrer Zeichnungen:

„In mir wächst bereits eine Gestalt
aus einer anderen Welt. Ich greife nach ihr.
Wir sterben erst dann, wenn diese Gestalt
aus der anderen Welt in uns gewachsen ist."
(Madeleine Multerer-Heiniger)

So ähnlich sehen wir Christen
das mit dem Geist Gottes.
Die Erfahrung von Gottes Gegenwart
findet nicht erst nach unserem Tode statt.
Wir erleben seine Kraft schon jetzt in uns:

„Der uns aber dazu bereitet hat, das ist Gott,
der uns als Pfand den Geist gegeben hat.
So sind wir denn allezeit getrost und wissen:
Solange wir im Körper wohnen,
weilen wir fern von dem Herrn;
denn wir wandeln im Glauben
und nicht im Schauen.

> Wir sind aber getrost und haben vielmehr Lust, den Körper zu verlassen und daheim zu sein bei dem Herrn.“
> (2. Korinther 5,5–8)

Gottes Gegenwart in uns, sein Geist,
verbindet uns bereits jetzt schon
mit Gottes Gegenwart im Himmel.
Darum kann Paulus Gottes Geist als „Pfand“
für das Ewige Leben bezeichnen.
Der christliche Glaube ist somit
der Beginn des ewigen Lebens im Diesseits.

Der Theologe Ulrich Körtner nimmt diesen Gedanken auf, indem er schreibt, dass es zu Gott gehört,

> „mit den Menschen auf ewig in Beziehung zu stehen und nicht nur für sie, sondern auch *in(!)* ihnen lebendig zu sein. (...) und zwar in Gestalt seines Geistes (...) Was im Glauben im Menschen lebt, ist der Geist Christi, der nichts anderes ist als der Geist seiner Liebe (...) Was den Tod des Menschen überdauert, ist also Gottes Beziehung zu ihm, die als Liebe zu bestimmen ist, wie überhaupt Liebe das Wesen Gottes ist.“

Mit einem alten lateinischen Segen
spreche ich dies dem Sterbenden zu:

„Es segne dich Gott, der Vater,
der dich nach seinem Bild geschaffen hat.

Es segne dich Gott, der Sohn,
der dich durch sein Leben und Sterben
erlöst hat.

Es segne dich Gott, der Heilige Geist,
der dich zum Leben gerufen und geheiligt hat.

Gott geleite dich durch das Dunkel
des Todes in sein Licht.
Er trage dich in die Weite seiner Ewigkeit.
Er sei dir gnädig im Gericht
und gebe dir Frieden und Freude
und ewiges Leben."

Von „ewiger Ruhe" sprechen wir manchmal
im Zusammenhang mit dem Tod.
Und ich kenne Menschen,
die fühlen sich müde und ausgelaugt
und wünschen sich,
im Tod endlich auszuruhen.

Aber wird es dafür die ganze Ewigkeit brauchen? Eine biblische Vorstellung ist die „ewige Ruhe“ zumindest nicht. Die unmittelbare Begegnung mit Gottes Gegenwart wird doch eher das Eintauchen in eine große Kraftquelle sein. Eine großartige Erfahrung voller Lebendigkeit und Licht und Liebe.

Impulse zum Nachdenken:

1. Welches Verständnis hat der christliche Glauben von der Seele?

2. Die Beziehung zwischen Gott und mir bleibt über meinem Tod hinaus bestehen. Gibt es ein anderes Wort als „Seele“, das für diese bleibende Beziehung stehen kann?

3. Welche Bedeutung hat der Heilige Geist für Sie?

Meine Überlegungen:

Liedvorschläge:

EG 572.1
Brich herein, süßer Schein selger Ewigkeit!
Leucht in unser armes Leben,
unsern Füßen Kraft zu geben,
unsrer Seele Freud, unsrer Seele Freud.

EG 376.3
Wenn ich auch gleich nichts fühle
von deiner Macht,
du führst mich doch zum Ziele
auch durch die Nacht:
so nimm denn meine Hände und führe mich
bis an mein selig Ende und ewiglich!

EG 449.8
Alles vergehet, Gott aber stehet
ohn alles Wanken; seine Gedanken,
sein Wort und Wille hat ewigen Grund.
Sein Heil und Gnaden,
die nehmen nicht Schaden,
heilen im Herzen die tödlichen Schmerzen,
halten uns zeitlich und ewig gesund.

Der Himmel:

Liebe bleibt

in Beziehung

Texte aus der Bibel:

„Nun aber bleiben Glaube, Hoffnung, Liebe,
diese drei;
aber die Liebe ist die größte unter ihnen."
1. Korinther 13,13

„Gott aber ist nicht ein Gott der Toten,
sondern der Lebenden;
denn bei ihm leben sie alle."
Lukas 20,38

„In meines Vaters Haus sind
viele Wohnungen …
Und wenn ich hingehe,
euch die Stätte zu bereiten,
will ich wieder kommen
und euch zu mir nehmen,
damit ihr seid, wo ich bin."
Johannesevangelium 14,2–3

Die Bedeutung für mich:

Gott hält uns geborgen.
Die Liebe bleibt.
Lebende und Tote bleiben durch Gott
miteinander verbunden.

Kapitel 4

Der Himmel: Liebe bleibt in Beziehung

Wie ich dazu komme:

„Ich weiß nicht, ob Sie das wissen,
dass ich ja neulich – (…)
für ein paar Wochen im Himmel war“,

erzählt der Christ und Kabarettist Hanns Dieter Hüsch in seinem Buch „Wir sehen uns wieder“:

„Wen möchtest du von deinen Lieben
zuerst sehen, fragte der liebe Gott.
Als wir uns ein paar Tage später wirklich
auf den Weg machten,

um durch den Himmel zu gehen
und vielleicht den einen oder anderen
Lebens-Menschen wiederzusehen
(...)
Ich zögerte und sagte dann ganz vorsichtig:
Vielleicht meine 1985 verstorbene Frau.
Die Frieda, sagte Er."[3] (Quellennachweis s. S. 117)

Auch in der Bibel ist uns der Himmel ganz nah.
Der Himmel als Ort der Gegenwart Gottes.
Der Himmel, von dem es im „Vater Unser" heißt:

„Dein Wille geschehe,
wie im Himmel,
so auf Erden".

Dem ersten Märtyrer der Kirche, Stephanus,
öffnete er sich:

„Siehe, ich sehe den Himmel offen
und den Menschensohn
zur Rechten Gottes stehen."
(Apostelgeschichte 7,56)

Und der Apostel Paulus schreibt in seinem
2. Brief an die Korinther 12,2–4
von einem Erlebnis, in dem er die Nähe
des Himmels selbst erfahren hat.

Der Himmel ist uns ganz nah.
Das vermittelt auch der Dichter Carl Zuckmayer
mit dem Vergleich einer Geburt:

„Beim Einschlafen denke ich manchmal:
Was wird mit mir sein,
wenn ich nicht mehr aufwache?
Ich denke mir oft, dass ich vor der Geburt
von meiner Mutter umgeben war,
in ihrem Leib, ohne sie zu kennen.
Dann brachte sie mich zur Welt,
und ich kenne sie nun und lebe mit ihr.
So, glaube ich, sind wir als Lebende
von Gott umgeben,
ohne ihn zu erkennen.
Wenn wir sterben,
werden wir ihn erfahren
so wie ein Kind seine Mutter,
und mit ihm sein."

Zwischen der Welt des Fötus im Mutterleib und
der Außenwelt der Mutter
ist nur eine hauchdünne Grenze.
Das Leben im Mutterleib
ist dem außerhalb schon ähnlich
und doch zugleich ganz anders.
Wie sieht der Himmel aus, in dem sich
unsere Verstorbenen bereits befinden?

Reinhard Meys damals noch kleiner Sohn
hat ihn einmal dazu befragt, und daraufhin
hat der sonst wenig religiöse Liedermacher
ein ernsthaftes Lied dazu gemacht
und 1984 auf seiner Tournee vorgetragen:
Es trägt den Titel:
„Du hast mir schon Fragen gestellt“:

„Ich stelle mir das Sterben vor
so wie ein großes, helles Tor,
durch das wir einmal gehen werden.
Dahinter liegt der Quell des Lichts,
oder das Meer, vielleicht auch nichts,
vielleicht ein Park mit grünen Bänken.
(...)
Jenseits der Grenzen unserer Zeit,
ein Raum der Schwerelosigkeit,
ein guter Platz, um dort zu bleiben.

Jenseits von Zwietracht, Angst und Leid.
In Frieden und Gelassenheit,
weil wir nichts brauchen, nichts vermissen.
Und es ist tröstlich, wie ich find,
die uns vorausgegangen sind
und die wir lieben dort zu wissen.
Und der Gedanke, irgendwann
auch durch dies Tor zu gehn, hat dann
nichts Drohendes, er mahnt uns eben,

jede Minute bis dahin,
wie ein Geschenk,
mit wachem Sinn,
in tiefen Zügen zu erleben."

Ich finde diesen Text treffend. Er geht davon aus, dass unsere Erfahrungen im Himmel Anknüpfungsmöglichkeiten haben werden an das, was wir auf der Erde erlebt haben: Ein „Tor", „Licht", „Meer", „Park", „Bänke".

Auch Jesus spricht davon, dass wir Anknüpfungspunkte haben werden, zum Beispiel (im Johannesevangelium, Kapitel 14,2) sagt er, dass wir im Himmel eine „Wohnung" bekommen:

„In meines Vaters Haus sind viele Wohnungen
(...) und ich will euch zu mir nehmen,
damit Ihr seid, wo ich bin."

Keine Frage! Jesus geht davon aus,
dass er seine Jüngerinnen und Jünger
im Himmel wieder sieht,
er nimmt sie ja zu sich.
Und sie werden bei ihm eine eigene Wohnung beziehen. In diesen Wohnungen, so sagt Jesus den Sadduzäern, die keine Auferstehung gel-

ten lassen wollen (Markus 12,18 ff.), wohnen auch schon Abraham, Isaak und Jakob.

> „Denn Gott ist der Gott der Lebenden.
> Also werden alle, die an ihn glauben,
> auch nach ihrem Tod leben."
> (Lukas 20,38)

Bei seinem letzten Abendmahl sagt Jesus
seinen Freundinnen und Freunden zu,
dass sie gemeinsam mit ihm
im Himmelreich feiern werden:

> „Ich sage euch: Ich werde von nun an
> nicht mehr von diesem Gewächs
> des Weinstocks trinken bis an den Tag,
> an dem ich von neuem davon trinken werde
> mit euch (!) in meines Vaters Reich."
> (Matthäus 26,29)

Welche Bilder wir auch immer
für den Himmel finden,
die Vorstellung eines „Wassertropfens,
der im Meer aufgeht"
(so bei Willigis Jäger und Dorothee Sölle),
ist ein der Bibel fremdes Bild.
In der Bibel bleibt der Verstorbene ein „Ich"
im Gegenüber zum „Du" Gottes.

Gott nennt uns bei unserem Namen (Jesaja 43,1).
Und es ist ein tiefer Grund zur Freude,
dass unsere Namen im Himmel
aufgeschrieben sind (Lukas 10,20).
Mit unserem Namen ist
unsere ganze Person gemeint
mit ihrer je eigenen Lebensgeschichte.
Gott spricht mich an und ich antworte.
Wir bleiben das „Ich",
das wir in unserem Leben gewesen sind
im Gegenüber zum „Du" Gottes.

> „Das ewige Leben bringt nicht eine (...)
> Verschmelzung mit dem Göttlichen,
> hebt die Unterschiede von Gott und Mensch
> und Mensch und Mensch nicht auf,
> sondern gewährt eine vollendete Beziehungs-
> gemeinschaft von Personen,
> eine personale Gemeinschaft der Liebe
> mit Gott und unter den Menschen."
> (Ulrich Eibach)

„Auferstehung ist unser Glaube,
Wiedersehen unsere Hoffnung,
Gedenken unsere Liebe."

Dem Kirchenlehrer Augustin wird dieses Wort
zugeschrieben, (wir finden es aber leider
nicht in seinen Schriften).
Wer immer diesen Satz gesagt haben mag,
hat den Dreiklang der Ewigkeit aufgenommen:

„Nun aber bleiben Glaube, Hoffnung, Liebe,
diese drei!
Aber die Liebe ist die größte unter ihnen."
1. Korinther 13,13.

Was bleibt, sind nur Glaube, Hoffnung, Liebe.
Nichts anderes!
Sie haben nach christlicher Überzeugung
Ewigkeitswert.
Sie sind es, die das Leben lebenswert machen,
besonders und zuerst die Liebe.

Was also nicht (!) dauerhaft bleiben wird, ist:
Jugendlichkeit, Leistungsfähigkeit, Schönheit,
ein anerkannter Beruf, mein Fernseher,
ein eigenes Haus, ein Auto, ein gutes Bankkonto.
All dies versinkt in das Vergängliche,
das seine Zeit hat und dann vergeht.

– Auferstehung ist unser Glaube:

Was kann das bedeuten?
Das Wort Glauben meint natürlich nicht
eine ungewisse Vermutung wie:
„Ich glaube, dass es morgen wieder Sonne gibt."
„Ich glaube, dass Arminia Bielefeld
nächste Woche wieder gewinnt."
Das ist nicht (!) gemeint.

Sondern Glauben heißt: Auf Gottes Liebe
mit festem Vertrauen antworten.
Glauben heißt: Sich darauf verlassen,
dass Gottes Liebe mich
auch durch meinen Tod trägt.

– Wiedersehen ist unsere Hoffnung:

Unser Hoffen ist von tiefer Kraft.
Wir hoffen darauf, dass diese begrenzte Welt,
in der wir unseren Alltag bestehen müssen,
nicht alles ist.
Wir hoffen, dass unsere Verletzungen geheilt
werden.
Wir hoffen, dass unsere Tränen getrocknet
werden.

Unsere Hoffnung stellt uns in einen Horizont hinein, der weiter ist als der, in dem wir gerade leben. Sie lässt uns aufatmen und durchatmen.
Die Hoffnung ist die Schwester des Glaubens.
Denn wir hoffen darauf,
dass Gott alles gut machen wird.
So hoffen wir besonders für die Menschen,
die Leid erleben mussten und gestorben sind.
Dass es ihnen jetzt gut geht
und dass unsere Liebe zueinander bewahrt bleibt.

Anselm Grün schreibt:

> „Du wirst den Menschen,
> den du hier geliebt hast,
> auch in der Ewigkeit bei Gott lieben, (...)
> Es wird eine Liebe sein (...),
> die sich freut
> am Dasein des anderen (...),
> die dich zugleich mit dem Geliebten
> und mit Gott vereint."

Wiedersehen ist unsere Hoffnung!

Ein eindrückliches Dokument dieser Hoffnung ist das Gedicht von Marie Luise Kaschnitz mit dem Titel „Ein Leben nach dem Tode":

„Glauben Sie fragte man mich
An ein Leben nach dem Tode
Und ich antwortete: ja
Aber dann wusste ich
Keine Auskunft zu geben
Wie das aussehen sollte
Wie ich selber
Aussehen sollte
Dort

Ich wusste nur eines
Keine Hierarchie
Von Heiligen auf goldnen Stühlen sitzend
Kein Niedersturz
Verdammter Seelen
Nur

Nur Liebe frei gewordne
Niemals aufgezehrte
Mich überflutend
Kein Schutzmantel starr aus Gold
Mit Edelsteinen besetzt
Ein spinnwebenleichtes Gewand
Ein Hauch
Mir um die Schultern
Liebkosung schöne Bewegung
Wie einst von tyrrhenischen Wellen
Wie von Worten die hin und her

Wortfetzen
Komm du komm
Schmerzweb mit Tränen besetzt
Berg-und-Tal-Fahrt
Und deine Hand
Wieder in meiner

So lagen wir lasest du vor
Schlief ich ein
Wachte auf
Schlief ein
Wache auf
Deine Stimme empfängt mich
Entläßt mich und immer
So fort

Mehr also, fragen die Frager
Erwarten Sie nicht nach dem Tode?
Und ich antworte
Weniger nicht".[4] (Quellennachweis s. S. 117)

– Gedenken ist unsere Liebe:

Die Liebe ist noch größer als
Glauben und Hoffen.
Was zeichnet sie aus?
Bekanntlich gibt es vier Arten der Liebe!

- Die Liebe zu Freunden, zu den Eltern.
- Die Liebe zu einer Sache, z.B. Fußball.
- Die Liebe zum Geschlechtspartner, das sexuelle Begehren.
- Und die dienende Liebe.

In der Liebe zur Sache und im
sexuellen Begehren spüren wir uns selbst.
In der Freundschaft sind wir mit
einem anderen Menschen verbunden.
Doch die Liebe, die bleibt,
das ist die dem Nächsten dienende Liebe,
auf Griechisch: „Agape".

Was bleibt, ist die Liebe,
die ohne Bedingung liebt.
Die liebt, ohne etwas dafür haben zu wollen.
Die Liebe, die sich verschenkt.
Aus christlicher Sicht ist diese Liebe das größte
und stärkste, was Menschen ausfüllen kann.
Sie ist selbstlos, ihr Ziel ist kein bestimmter
Zweck oder Nutzen.
Sie kann auf Gegenseitigkeit angelegt sein,
braucht aber nicht einmal eine Erwiederung,
um zu lieben.

Auch der Verstorbenen zu gedenken,
ist ein Ausdruck der Liebe.

Wir ehren und wertschätzen sie,
indem wir sie in Erinnerung behalten.

Der Tod eines Menschen bleibt oft lange nicht begreifbar. Wir spüren die Lücke. Ein Platz bleibt frei. Die Lücke lässt sich nicht schließen.

> „Es gibt nichts, was uns die Abwesenheit
> eines lieben Menschen ersetzen kann“,

schreibt Dietrich Bonhoeffer, der seinen älteren Bruder Walter im 1. Weltkrieg verloren hat:

> „Und man soll das auch gar nicht versuchen;
> man muss es einfach aushalten
> und durchhalten.
> Das klingt zunächst sehr hart,
> aber es ist doch zugleich ein großer Trost;
> denn indem die Lücke wirklich
> unausgefüllt bleibt,
> bleibt man durch sie miteinander verbunden.“

Am Sterbebett sagte mir ein Vater:
„Ich bin jetzt bereit zu gehen.
Aber ich hab Angst, dass meine Kinder nicht
drüber weg kommen.“
Als er gestorben war fragte ich die Tochter:
„Was wünscht sich Ihr verstorbener Vater

jetzt für seine Familie?“
Sie antwortete:
„Das Wichtigste war ihm immer,
dass es uns gut geht!“

Wir ehren die Verstorbenen nicht
mit einem dauerhaft traurigen Gesicht
und gedrückter Stimmung.
Wir nageln sie dadurch nur fest
auf ihre letzte harte Zeit.
Aber das ist nicht ihr Leben gewesen.
Wir ehren die Verstorbenen nicht dadurch,
dass wir uns nichts mehr gönnen wollen,
weil es ja dem Verstorbenen
auch so schlecht ergangen ist.
Wir ehren unsere Verstorbenen nicht
mit Schuldgefühlen.
Sondern wir ehren sie,
indem wir ihren Segen annehmen
und ihren Wunsch respektieren,
dass es uns gut gehen möge nach ihrem Tod,
wie auch wir darauf vertrauen dürfen,
dass es ihnen nun gut geht.

So schreibt Pierre Stutz:

„Verstorbene
sind weiterhin mit uns
beten und hoffen mit uns
bringen uns die Kraft der Ewigkeit
mitten in unseren Alltag.“

Ich kenne einige Christen, die dieselbe Erfahrung gemacht haben wie der Schriftsteller C. S. Lewis in seinem lesenswerten Trauertagebuch. Seine geliebte Frau Joy starb an Krebs. Wir lesen von seiner Wut, seiner Enttäuschung, seinen Zweifeln Gott gegenüber und von einer überraschenden Wendung:

„Was die Erfahrung der letzten Nacht der Aufzeichnung wert macht, ist ihre Eigenart – nicht was sie beweist, sondern was sie war. Sie war ganz unglaublich frei von Gefühlen. Bloß der Eindruck, ihr Geist stehe dem meinem einen Augenblick gegenüber (...) Nicht dass eine Botschaft ergangen wäre – bloß Verständnis und Aufmerksamkeit (...) In keiner Stimmung hatte ich mir die Toten je so – nun, so sachlich vorgestellt. Und doch herrschte ein vollkommenes und frohes Einvernehmen.“

Man wird wohl dem großen christlichen Lehrer
C. S. Lewis kaum vorwerfen, dass er
ein Okkultist war und Totenseelen beschwörte.
Ich persönlich halte es nicht für möglich
und auch nicht für wünschenswert,
von mir aus mit Toten in Kontakt zu treten.

Etwas völlig Anderes aber ist es, wenn sich
Verstorbene den Lebenden mitteilen.
Diese Begegnung ist von uns nicht herstellbar.
Sie ereignet sich und bedarf der Vermittlung
Gottes.
Wer den Pfarrberuf länger ausführt,
erlebt es immer wieder,
dass Menschen unter vier Augen
von solchen meist kurzen
und überklaren Begegnungen berichten,
die ganz anders sind als die Träume
von den Verstorbenen.

Ich schließe mich Jörg Zink an,
der zu solchen Erlebnissen gesagt hat:

> „Ich bin überzeugt,
> dass es mehr Verbindungen gibt
> zwischen denen drüben und uns hier,
> als die meisten von uns heute meinen.

Ich glaube, dass ein Mensch, zu dem wir reden
in der Stunde nach seinem Sterben,
hört, was wir ihm sagen,
und dass die Toten uns Zeichen geben (...)

Werden wir uns also wieder sehen?
Unser Auftrag auf dieser Erde ist der,
an Liebe reicher zu werden.
Und ich glaube, dass die Liebe,
die in uns gewachsen ist, nicht verloren geht.
Ich glaube an ein Finden und Begegnen –
wie immer es dann geschehen sollte –
wie hier, so in der anderen Welt."[5]
(Quellennachweis s. S. 117)

Impulse zum Nachdenken:

1. Wie wird der Himmel sein?
   Ganz anders als unser Leben,
   oder wird es Anknüpfungspunkte geben?

2. Wäre es nicht auch schön,
   mit Gott im Himmel ganz zu verschmelzen
   wie ein Wassertropfen im Meer?

3. Was spricht für ein „Wiedersehen"
   im Himmel?

Meine Überlegungen:

Liedvorschläge:

Gemeinschaftsliederbuch 723.3
Dort vor dem Throne im himmlischen Land
treff ich die Freunde, die hier ich gekannt;
dennoch wird Jesus und Jesus allein
Grund meiner Freude und Anbetung sein.

EG 166.1
Tut mir auf die schöne Pforte,
führt in Gottes Haus mich ein;
ach wie wird an diesem Orte
meine Seele fröhlich sein!
Hier ist Gottes Angesicht,
hier ist lauter Trost und Licht.

EG 482.3
Seht ihr den Mond dort stehen?
Er ist nur halb zu sehen
und ist doch rund und schön.
So sind wohl manche Sachen,
die wir getrost belachen,
weil unsre Augen sie nicht sehn.

Gottes Gericht und seine Folgen

Texte aus der Bibel:

„Was ihr einem meiner geringsten Brüder
getan habt, das habt ihr mir getan."
(Matthäus 25,40)

„Darum richtet nicht vor der Zeit,
bis der Herr kommt,
der auch ans Licht bringen wird,
was im Finstern verborgen ist,
und wird das Trachten
der Herzen offenbar machen.
Dann wird einem jeden
von Gott sein Lob zuteil werden."
(1. Korintherbrief 4,5)

Die Bedeutung für mich:

Gott schafft Gerechtigkeit.
Schaden wird ausgeglichen.
Verhindertes Leben
darf sich entfalten.

Kapitel 5

Gottes Gericht
und seine Folgen

Wie ich dazu komme:

In dem Film „Rendezvous mit Joe Black“
aus dem Jahr 2004 spielt der Schauspieler
Brad Pitt die Rolle des „Mr. Black“,
– den Tod in menschlicher Gestalt.
Er ist gekommen, um den Unternehmer William
Parrish, verkörpert durch Anthony Hopkins,
ins Jenseits zu begleiten.
Als es Zeit ist zu gehen, fragt Parrish:
„Muss ich mich fürchten?“
Darauf antwortet der Tod:
„Nicht jemand wie Du!“

In dem Moment, wo die Lebenszeit zu Ende ist,
spürt der Unternehmer Parrish,
dass er sich für das ihm geschenkte Leben
verantworten wird.
Er, der selbst immer die Fäden in der Hand hielt,
sich durchzusetzen wusste und dem sich
seine Angestellten verantworten mussten, wird
nun selber in das Zimmer seines Chefs gebeten.

„Wat haste jemacht mit dein Leben?", fragt den aus dem Gefängnis entlassenen Schuhmacher Wilhelm Voigt seine innere Stimme im Theaterstück „Der Hauptmann von Köpenick" von Carl Zuckmeyer (Quellennachweis s. S. 117). Im Internet auf „youtube" ist diese tief berührende Szene dreimal zu sehen, nämlich aus den Verfilmungen 1931, 1956 und 1997. Voigt spricht zu seinen Angehörigen:

> „Vorhin – aufn Friedhof – wie de Brockn
> aufn Sarch runterjekullert sind – da hab ick's
> jehört – da war se janz laut, war se – (...)
> De innere Stimme. Da hatse jesprochen, du,
> und da is alles totenstill jeworden in de Welt,
> und da hab ick's vernommen:
> Mensch, hatse jesagt – einmal kneift
> jeder 'n Arsch zu, du auch, hatse jesagt.

Und denn, denn stehste vor Gott dem Vater, stehste, der allens jeweckt hat, vor dem stehste denn, und der fragt dir ins Jesichte: Willem Voigt, wat haste jemacht mit dein Leben? – Und da muss ick sagen – Fussmatte, muss ick sagen. Die hab ick jeflochten im Jefängnis, und denn sind se alle druff rumjetrampelt, muss ick sagen (...)
Aber der sagt zu dir: Je wech! Sagt er! Ausweisung! sagt er! Dafür hab ick dir det Leben nich jeschenkt, sagt er! Det biste mir schuldig! Wo is et? Wat haste mit jemacht?!"[6]

Für Voigt ist das Leben ein Geschenk Gottes. Er hat das Gefühl, dieses Geschenk bislang verfehlt zu haben. Er erwartet, dass Gott ihn nach seinem Tod danach fragen wird, was er mit diesem Geschenk gemacht hat. Und er befürchtet, dass Gott von ihm enttäuscht sein wird und ihn aus dem Himmel ausweist.

Dass Gott jeden Menschen richtet, ist eine durchgehende Botschaft der Bibel. Das hat damit zu tun, dass Gott nach biblischem Verständnis gerecht ist und Gerechtigkeit schafft. Im Leben geht es aber nicht gerecht zu. Gott lässt den Menschen ihre Freiheit, die sie auch missbrauchen.

Menschen tun sich gegenseitig Leid an.
Menschen tun sich Gewalt an.
Dass Gott auf der Seite der Machtlosen,
der Opfer, der Unterdrückten steht
und gerade ihnen zum Recht verhilft,
ist ein tiefe biblische Hoffnung. Gott schafft
einen Ausgleich für die Geschädigten.
Die Opfer, die Gewalt erfahren haben,
die ihr Leben verloren haben,
kommen zu ihrem Recht. Dafür steht Gott ein.
Es darf insbesondere nicht sein, dass die Täter
ein zweites Mal über ihre Opfer triumphieren,
indem sie nicht zur Rechenschaft für ihre Taten
gezogen werden.

Dieses Thema ist auch ein Thema der heutigen Jugendkultur. So singen die Toten Hosen:

> „Ich glaube, dass die Welt sich noch mal
> ändern wird
> und dann Gut über Böse siegt,
> dass irgendjemand uns auf unseren Wegen
> lenkt
> und unser Schicksal in die Hände nimmt.
> Ja, ich glaube an die Ewigkeit.
> Und dass jeder jedem mal vergibt.
> Alle werden wieder voreinander gleich,
> jeder kriegt, was er verdient."

Wie kann ein solcher Ausgleich aussehen?
In Helmut Gollwitzers Sammlung von Gefängnisbriefen während der Zeit des Nationalsozialismus lesen wir den Abschiedsbrief des Christen und Widerstandskämpfers Hans-Bernd von Haeften an seine Frau.
Er wurde 1944 zum Tod verurteilt, weil er am Attentat gegen Adolf Hitler beteiligt war.
Kurz vor seiner Hinrichtung schreibt er:

> „Meine gute Barbara (...) ich habe Dich sehr viel mehr lieb, als ich Dir gezeigt habe. Aber wir haben eine Ewigkeit vor uns, um uns Liebe zu erweisen. Dieser Gedanke sei Dir ein Trost in der Trübsal Deiner Witwenjahre. Ich bin gewiss – sei Du es auch –, dass wir beide mit allen unseren Lieben wieder vereinigt werden in Gottes unaussprechlichem Frieden."

Es ist dem Opfer des Nationalsozialismus ein tiefer Trost, dass Hitler zwar sein Leben nehmen kann, aber nicht seine Liebe.
Weil Gott nach seinem Tode den Raum schaffen wird, dass er seine geliebte Frau wieder sehen kann.

Der Theologe Walter Hollenweger bringt
die unterschiedlichen neutestamentlichen
Vorstellungen vom Ausgang des Gerichtes
auf folgenden Nenner:

„Wenn wir die Bibel ernst nehmen,
können wir Himmel und Hölle
nicht bestreiten.
Und: Wenn wir die Bibel ernst nehmen,
können wir die Allversöhnung
nicht bestreiten.“

Hollenweger weist zu Recht darauf hin,
dass es beispielsweise im Matthäusevangelium
die Aussage gibt, dass Menschen,
die in ihrem Leben sehr viel Unrecht getan
haben, von Gott verstoßen werden.

Man denke nur an die Formulierung
bei Matthäus, dass Menschen „hinausgestoßen“
werden in die Finsternis:

„Da wird sein Heulen und Zähneklappern.“
(Matthäus 8,12; 24,51)

In seiner großen Weltgerichtsdarstellung
versammeln sich bei ihm alle Völker vor Jesus.
Und er scheidet sie nicht nach ihrem Glauben,

sondern nach ihrer gelebten Barmherzigkeit
den „geringsten Brüdern" gegenüber.
Matthäus liegt daran, dass allein die Taten
über das Schicksal eines Menschen
im Gericht entscheiden (siehe Matthäus 7,21–23).

Der Apostel Paulus stimmt eine andere Seite an.
Durch Jesu Kreuz und Auferstehung
hat Gott alle Menschen mit sich versöhnt,
als sie noch seine Feinde waren
(2. Korinther 5,19–20; Römer 5,10).

Im 1. Korintherbrief 15,22 schreibt er deshalb über
das, was durch Christus für alle (!) Menschen
getan wurde:

> „Denn wie sie in Adam alle sterben,
> so werden sie in Christus alle lebendig
> gemacht werden."

Auch bei Paulus wird jeder Mensch
nach seinem Tod gerichtet.
Das Gericht Gottes findet auch bei Paulus
aufgrund der Taten eines Menschen statt.

> „Denn wir müssen alle offenbar werden
> vor dem Richterstuhl Christi,
> damit jeder seinen Lohn empfange für das,

was er getan hat zu seinen Lebzeiten,
es sei gut oder böse."
(2. Korinther 5,10)

Was aber geschieht, wenn die Taten böse waren?
Paulus folgert nicht (!), dass diese Personen
dann den Himmel verlassen müssen.
Sondern er benutzt das Bild
des „Verbrennens" dieser Taten:

„Wird aber jemandes Werk verbrennen,
so wird er Schaden leiden;
er selbst aber wird gerettet werden,
doch so wie durchs Feuer hindurch."
(1. Korintherbrief 3,15)

Paulus ist davon überzeugt, dass „alle Zungen" (!)
einmal bekennen werden,
dass Jesus Christus der Herr ist,
zur Ehre Gottes (Philipperbrief 2,11).

Denn Gott hat es gefallen, dass er durch
Christus „alles mit sich versöhnte,
es sei auf Erden oder im Himmel"
(Kolosserbrief 1,20; siehe auch Römer 11,32).

Ich hoffe sehr auf das Gericht.
Auch mir wird offenbar werden, wem ich

in meinem Leben Schaden zugefügt habe.
Und ich hoffe darauf, dass Gott diesen Schaden heilt.
Ich erwarte auch, dass das hier verhinderte, ungelebte Leben durch Gottes Gericht die Möglichkeit bekommt, noch gelebt zu werden.
So dass ein Ausgleich geschieht und was nicht leben durfte, dann leben kann.

> „Wenn unser zeitliches Leben in ewige Lebendigkeit verwandelt wird, verschwindet es nicht, sondern wird ‚verklärt'. Es wird angenommen, zurechtgebracht, versöhnt (...) Aber es bleibt unser Leben, so wie wir selbst darin bleiben und erst richtig voll und ganz zu uns selbst kommen."
> (Jürgen Moltmann, S. 179)

Impulse zum Nachdenken:

1. Welche Aufgaben hat das Gericht?

2. Karl Barth wurde einmal gefragt:
   „Herr Professor, ist es wahr, dass wir unsere Lieben im Himmel wieder sehen?"
   Darauf antwortete Barth:

„Ja, das stimmt. Aber die Anderen auch!"
Muss ich auch die wieder sehen, die mir Leid angetan haben?

Meine Überlegungen:

Liedvorschläge:

EG 123.1
Jesus Christus herrscht als König,
alles wird ihm untertänig,
alles legt ihm Gott zu Fuß.
Aller Zunge soll bekennen,
Jesus sei der Herr zu nennen,
dem man Ehre geben muss.

EG 533.1
Du kannst nicht tiefer fallen
als nur in Gottes Hand,
die er zum Heil uns allen
barmherzig ausgespannt.

Die Sehnsucht der ganzen Schöpfung

Texte aus der Bibel:

„Und der Herr Zebaoth wird auf diesem Berge
allen Völkern ein fettes Mahl machen (...)
Er wird den Tod verschlingen auf ewig.
Und Gott, der Herr, wird die Tränen von
allen Gesichtern abwischen und
wird aufheben die Schmach seines Volkes.“
Jesaja 25,6–8

„Denn auch die Schöpfung wird frei werden
von der Knechtschaft der Vergänglichkeit
zu der herrlichen Freiheit der Kinder Gottes.“
Römer 8,21

Siehe, ich mache alles neu.
Offenbarung 21,5

Die Bedeutung für mich:

Ich hoffe gemeinsam mit den Verstorbenen: Nicht nur wir Menschen, die ganze Schöpfung wird vom Tod befreit.

KAPITEL 6

Die Sehnsucht der ganzen Schöpfung

Wie ich dazu komme:

Im 25. Kapitel des Propheten Jesaja kündigt der Prophet seine Hoffnung an, dass Gott „den Tod verschlingen wird auf ewig“.
Alle Völker werden mit Gott zusammen ein großes Freudenfest feiern.
Schon im Alten Testament gibt es die konkrete Hoffnung, dass Gott den Tod aus seiner Schöpfung ganz verschwinden lässt.

Aber gilt die Hoffnung auf das ewige Leben nur den Menschen? Zu dieser Frage nimmt Paulus im Römerbrief Kapitel 8 Stellung, wenn er schreibt:

> „Denn auch die Schöpfung wird frei werden von der Knechtschaft der Vergänglichkeit zu der herrlichen Freiheit der Kinder Gottes. Denn wir wissen, dass die ganze Schöpfung bis zu diesem Augenblick mit uns seufzt und sich ängstigt."

Viele Kinder spüren diese unmittelbare Verbundenheit mit Gottes Schöpfung. Das Leben eines Tieres ist ihnen genauso kostbar wie das Leben eines Menschen. Sie ertragen es nicht, wenn Tiere gequält werden, und lehnen es ab, Fleisch zu essen.

Die Auferstehung Jesu mit seinem verwandelten Leib ist schon ein Vorgriff auf die von der Vergänglichkeit freigewordene Schöpfung. Deswegen ist sein verwandelter Leib bei der Auferstehung so wichtig. Aber die universale Auferstehung ereignet sich erst gemeinsam mit der Erneuerung der ganzen Schöpfung.

> Da werden Wolf und Schaf „beieinander weiden, der Löwe wird Stroh fressen wie das Rind" (Jesaja 65,25).

Für mich hat Hanns Dieter Hüschs Abschiedslied, das er oft bei seinen Aufführungen zum

Ende sang, etwas von dieser kommenden Welt. Sie wird ein „Nach-Hause-Kommen" sein, für die ganze Schöpfung:

„Schmetterling kommt nach Haus
Kleiner Bär kommt nach Haus
Känguru kommt nach Haus
Die Lampen leuchten
Der Tag ist aus

Kabeljau schwimmt nach Haus
Elefant läuft nach Haus
Ameise rast nach Haus
Die Lampen leuchten
Der Tag ist aus

Fuchs und Gans kommen nach Haus
Katz und Maus kommen nach Haus
Mann und Frau kommen nach Haus
Die Lampen leuchten
Der Tag ist aus

Alles schläft und alles wacht
alles weint und alles lacht
alles schweigt und alles spricht
alles weiß man leider nicht

alles schreit und alles lauscht
alles träumt und alles tauscht
sich im Leben wieder aus
es sitzt schon der Abend auf unserem Haus

Schmetterling fliegt nach Haus
Wildes Pferd springt nach Haus
Altes Kind kommt nach Haus
Die Lampen leuchten
Der Tag ist aus."[7]
(Martin Buchholz; Quellennachweis s. S. 117)

Was als „Ewiges Leben" bezeichnet wird, beschreibt die Bibel in Bildern: Tod, Leid und Schuld sind verschlungen (Jesaja 25,6–8). Die Tränen sind getrocknet (25,8). Gott und Mensch leben in direkter Gemeinschaft. „Siehe da, die Hütte Gottes bei den Menschen" (Offenbarung 21,3). Der Mensch sieht Gott „von Angesicht zu Angesicht" (1. Korinther 13,12). Gottes Friedensreich (Jesaja 11) herrscht. Krieg und Gewalt sind endgültig vorbei. Gerechtigkeit und Frieden werden sich küssen (Psalm 85,11). Die Stimmung ist festlich (Jesaja 25,6–8; Markus 14,25; Matthäus 8,11). Ein Gefühl der Freude! „Lasst uns jubeln und fröhlich sein" (Jesaja 25,9)

„In der Freude an Gott werden Menschen auch einander erfreulich (…) Die unmittelbare Gottesgemeinschaft führt zu einer unmittelbaren Gemeinschaft der Menschen untereinander. Darum ist die Gottesschau nicht nur personal, sondern auch sozial zu verstehen:
Menschen nehmen einander ‚in Gott' wahr und erkennen sich. Das ist viel mehr als ein ‚Wiedersehen', nach dem viele Hinterbliebene fragen."
(Jürgen Moltmann, S. 174)

Wenn wir uns im Himmel wieder sehen, so wird dieses Wiedersehen nicht nur auf uns beschränkt sein. Die Freude über die bleibende Gemeinschaft mit den Menschen,
die wir lieben, wird dann vollkommen,
wenn sie eingebettet ist in die Freude darüber, dass Gottes Schöpfung nun wirklich bewahrt und erneuert ist.

Meine Überlegungen:

Impulse zum Nachdenken:

1. Wann wird Gott eingreifen?
2. Welche Bilder gebraucht die Bibel, um zu sagen, wie das ewige Leben sein wird?
3. Was ist mir für meine persönliche Hoffnung wichtig?

Liedvorschläge:

EG 36.5
Nun er liegt in seiner Krippen,
ruft zu sich mich und dich,
spricht mit süßen Lippen:
„Lasset fahrn, o liebe Brüder,
was euch quält, was euch fehlt;
ich bring alles wieder."

EG 153.2–4
Der Himmel, der kommt, das ist der kommende Herr,
wenn die Herren der Erde gegangen.
(...) das ist die Welt ohne Leid, wo Gewalttat und Elend besiegt sind.
(...) das ist die fröhliche Stadt,
und der Gott mit dem Antlitz des Menschen.

Wir sehen
uns wieder!

WIR SEHEN UNS WIEDER!

Ich bin fest davon überzeugt:
Wir dürfen die Menschen wieder sehen,
mit denen wir in unserem Leben in Liebe
verbunden waren.
Nicht weil wir uns das wünschen.
Sondern weil *Gott in seiner Liebe*
Lebende und Tote in Beziehung hält,
sie miteinander verbindet
und wieder zusammenführt.

Wenn ich vom „Wiedersehen" schreibe,
so geht es mir *um ein „Wiederfinden",*
ein „Wiedererkennen" und „Wiederbegegnen",
also darum, dass Gott uns nach unserem Tod
wieder „zusammenführt".
Welche Gestalt wir dabei haben,
ist mir nicht so wichtig,
nur dass wir von Gott neu gestaltet sind.

Die Evangelien schildern eine Begegnung
zwischen denen, die schon bei Gott
im Himmel sind, und denen,
die das Sterben noch vor sich haben:

„Jesus nahm mit sich Petrus, Jakobus
und Johannes und führte sie
auf einen hohen Berg, nur sie allein.
Und er wurde vor ihnen verklärt;
und seine Kleider wurden hell und sehr weiß
(...) Und es erschienen ihnen Elia mit Mose
und sie redeten mit Jesus."
(Markus 9,2–4; Matthäus 16,24–28; Lukas 9,23–27)

Petrus ist ganz verstört und möchte Elia,
Mose und Jesus Hütten bauen.
Aber nachdem Gott zu allen gesprochen hat,
müssen sie wieder vom Berg herunter.
Jesus gebietet ihnen von ihrer Erfahrung
zu schweigen, bis er auferstanden ist.
Daraufhin beraten sich die Jünger:

„Und sie behielten das Wort und fragten
sich untereinander: Was ist das, auferstehen
von den Toten?"

Eine Antwort auf diese Frage gibt nicht nur
die von ihnen erlebte Begegnung mit
dem verstorbenen Mose und dem von Gott
in den Himmel erhobenen Elia.

Der christliche Glaube beginnt mit
der Auferstehung Jesu Christi.

Er ist das Bekenntnis zu Gott,
dessen Wesen Liebe ist (1. Johannes 4,8).

Weil im Gekreuzigten die Liebe Gottes (Römer 8,39) *über den Tod siegt, darum dürfen wir Menschen über unseren Tod hinaus auf ein Wiedersehen hoffen. Alle Evangelien und Paulus sind der Überzeugung, dass Christen nach ihrem Tod in Beziehung mit Gott bleiben und bei Christus geborgen sind. Als sterbliche Menschen bleiben wir in der Beziehung zum unsterblichen Gott selbst unvergänglich. Und etwas von dieser unsterblichen Gegenwart Gottes erfüllt uns schon heute, sie wird die Gegenwart Christi und die Gegenwart des Geistes in uns genannt* (2. Korinther 5,5; Römer 8,10.11).

In der Gegenwart Gottes bleiben wir verbunden
mit den Menschen, die wir lieben.
Die Liebe hat Ewigkeitswert, weil sie unmittelbar
zu Gott gehört und Wesensmerkmal Gottes ist.
„Sie hört niemals auf!" (1. Korinther 13,8).
Wir dürfen die Menschen wieder sehen,
mit denen wir in unserem Leben verbunden
waren und die vor uns gestorben sind.
Denn auch für unsere Lieben gilt das Bekenntnis
des Paulus:

„Denn ich bin gewiss, dass weder Tod noch Leben (...), weder Gegenwärtiges noch Zukünftiges (...) uns scheiden kann von der Liebe Gottes, die in Christus Jesus ist, unserem Herrn."
(Römer 8,38 f.)

So unterschiedliche Christen wie Klaus Berger,
Margot Bickel, Papst Benedikt XVI,
Ulrich Eibach, Anselm Grün, C.S. Lewis,
Jürgen Moltmann, Hans-Bernd von Haeften,
Pierre Stutz, Ulrich Wilckens und Jörg Zink
sind davon überzeugt,
dass es ein Wiedererkennen der durch den Tod Getrennten im Himmel geben wird.
Sie sind auf verschiedenen Wegen zu dieser Gewissheit gekommen und doch verbindet sie alle die eine tiefe Überzeugung:
Die Liebe hört niemals auf.

Zum Schluss eine kleine Geschichte,
die es in unterschiedlichen Fassungen gibt.
Dies ist meine:
Zwei Nonnen, Schwester Elisabeth und Schwester Benedikta, unterhalten sich über den Tod.
Wie wird es im Himmel bei Christus sein?

„Es wird viel Gesang geben", sagt die eine,
„und helles warmes Licht", sagt die andere,
und sie sind sich beide sicher,
dass sie den heiligen Benedikt schauen werden
und wieder zusammen in einem Kräutergarten
arbeiten.
Und noch manches fällt ihnen dazu ein,
wie es im Himmel sein wird.
Dann kommen ihnen Zweifel,
ob sie in allen Überlegungen richtig liegen.
So beschließen sie eines Abends: „Wer zuerst
stirbt, soll in der Nacht nach ihrem Tode
der anderen erscheinen und – da man ja nicht
weiß, wie viel Zeit einem bleibt –, nur ein
deutliches kurzes, lateinisches Worte sagen:
Entweder „Taliter: Es ist so"
oder „Aliter: Es ist anders".

Bald darauf stirbt Benedikta.
Tatsächlich erscheint die Verstorbene
in selbiger Nacht. Die Freude ist groß.
Schwester Elisabeth fragt erregt:
„Taliter?"
Die Verstorbene schüttelt den Kopf.
„Aliter?" fragt Elisabeth zitternd.
Wieder schüttelt die Verstorbene den Kopf.
Und sagt ganz leise mit einem feinen Lächeln:
„Taliteraliter: Es ist *so* anders."

Abgrenzungen

ABGRENZUNGEN

1. Die „Ganztod-Hypothese"

In der evangelischen Theologie herrscht seit den siebziger Jahren die Auffassung, dass Körper und Seele mit dem Tod eines Menschen vollständig sterben, jeder Mensch wird gänzlich vernichtet.

Dabei wird so argumentiert, dass die Sünde des Menschen ihn Gott gegenüber in die „Verhältnislosigkeit" (Eberhard Jüngel) treibt. Der Mensch hat sich so weit von Gott getrennt, dass er sich mit seinem Tod auflöst. Gott behält uns aber im Gedächtnis und erschafft uns am Ende mit der Auferstehung neu.

Diese evangelische Lehre hat eine starke Auswirkung auf die Pfarrerinnen und Pfarrer und entspricht ziemlich genau der Auffassung der Adventisten.

Ich teile zwar die eigentliche Absicht Jüngels zu sagen, dass in Hinblick auf ein Leben nach dem

Tod nur Gott allein für unsere Auferstehung sorgen kann. Aber kritisch muss doch gesagt werden, dass hier die Aussagen im Neuen Testament ignoriert werden, die von einer ungebrochenen Beziehung zwischen Gott und Mensch über den Tod hinaus ausgehen.

Vertreter der „Ganztod-Hypothese“ benutzen für die Auferweckung dann auch gern den lateinischen Begriff „creatio ex nihilo – (Neu) schöpfung aus dem Nichts“. Also Gott erschafft den Verstorbenen bei der Auferstehung völlig neu. Bei einer gänzlichen Neuschöpfung macht aber doch das Gericht keinen Sinn mehr. Wenn es keine Identität zwischen dem Lebenden und dem Auferstandenen gibt, kann man doch den Auferstandenen nicht für das verantwortlich machen, was der Lebende getan hat.

Auch John Polkinghorne leuchtet aus naturwissenschaftlicher Sicht die „creatio ex nihilo“ nicht ein. Er spricht von einer „creatio ex vetere – (Neu)schöpfung aus dem Alten“ (S. 79).

2. Dorothee Sölles „Mystik des Todes“

Das letzte Buch der bedeutenden deutschen Theologin Dorothee Sölle ist bald nach ihrem eigenen Tod 2003 erschienen. In diesem Buch bestreitet sie, dass die Identität eines Menschen über seinen Tod hinaus bestehen bleibt.
Nicht der Mensch, sondern allein Gott lebt weiter: „Lässt sich nicht eine Geborgenheit denken, die nicht in meiner Weiterexistenz liegt, wohl aber in Gottes Weiterexistenz?“ (S. 143).

Jesus Christus hat bei ihr seine zentrale Bedeutung verloren:
„Heute sehe ich mein damaliges theologisches Denken als allzu ‚christozentrisch‘ an und habe mich vom zweiten Artikel des Apostolischen Glaubensbekenntnis mehr auf den Geist, die Ruach, und auf den ersten, den Glauben an den Schöpfer, konzentriert“ (S. 71).

Die Vorstellung eines Wiedersehens bezeichnet sie als „verlogen“ (S. 139).

Ein Kapitel widmet sie dem englischen Autor C. S. Lewis und seinem Buch: Über die Trauer. Dabei ignoriert sie (absichtlich?) sein letztes Kapitel, in dem er von einer nächtlichen

Begegnung mit seiner verstorbenen Frau berichtet (S. 79 ff.) und die vorangegangenen Kapitel seines Tagebuches dadurch neu bewertet. Lewis als einer ihrer Kronzeugen gegen die „frommen Lügen vom Wiedersehen" (S. 48) wird so aus der Sicht ihres Buches selbst zum Lügner.

3. Willigis Jägers „Mystische Spiritualität"

Immer noch wird der einflussreiche, noch lebende Mystiker Willigis Jäger der christlichen Mystik und den katholischen Benediktinern zugeordnet, obwohl er sich längst vom christlichen Glauben losgesagt hat.
Sein Ansatz wirkt faszinierend, denn Jäger propagiert eine „echte Mystik", die Erfahrung der „Ersten Wirklichkeit". Folglich ist sein Anliegen die „wirkliche Einheit der Religionen". Gott ist aus der Sicht der „evolutionären Theologie" Jägers „nicht der von außen wirkende Initiator der Evolution, sondern die Evolution ist der sich selbst entfaltende Gott" (Jäger, S. 82).

Jesus war ein Mystiker, der uns „einen Weg in die Erfahrung mit dem göttlichen Urprinzip wies". Wie er sollen wir erfahren: „Ich und der Vater sind eins" (S. 20).

Kreuz, Himmel, Gericht, Auferstehung haben in der Mystik keinerlei Bedeutung (S. 179). Wichtig ist nur das „hier und jetzt" und zu erfahren: „Wir sind nie aus Gott herausgefallen" (S. 71). So sind Geborenwerden und Sterben nichts anderes als Anfang und Ende einer bestimmten Manifestation der Ersten Wirklichkeit.
Eine gute Auseinandersetzung mit Jäger bieten die Dokumentation von Meesmann und das Buch von Schellenberger.

4. Die „Unsterblichkeit" der Seele

Die Vorstellung einer aus sich selbst heraus „unsterblichen Seele" gibt es in der Bibel nicht.

Anders bei dem griechischen Philosophen Platon. Nach Platon ist die Seele eine göttliche unsterbliche Substanz, die im Körper gefangen ist und sich im Tod wieder von dem Körper befreit.

Unsterblichkeit wird aber in der Bibel allein Gott zuerkannt (1.Timotheus 6,16).

Die Katholische Kirche hält bis heute an der Unsterblichkeit der Seele fest. Anders als Platon versteht sie die Seele allerdings als „geschaffen" und in „Einheit mit dem Leib". Im Katholischen Katechismus wird die Seele so beschrieben:

> „Die Kirche lehrt, dass jede Geistseele unmittelbar von Gott geschaffen ist – sie wird nicht von den Eltern ‚hervorgebracht' – und dass sie unsterblich ist: Sie geht nicht zugrunde, wenn sie sich im Tod vom Leibe trennt, und sie wird sich bei der Auferstehung von neuem mit dem Leib vereinen".

Der Vorteil an dieser Lehre ist, dass die katholische Theologie im 20. Jahrhundert – klarer als die evangelische – an der Verbindung zwischen Gott und Mensch direkt nach dem Tod festgehalten hat. Nachteil dieser Lehre ist, wie gesagt, dass sie nicht biblisch ist.

5. Die Seelenwanderung

Die Vorstellung, dass eine unsterbliche Seele sich nacheinander in mehreren Körpern aufhalten kann, findet sich nicht nur in östlichen Religionen wie im Hinduismus und im Buddhismus, sie findet sich auch beim griechischen Philosophen Platon.

2004 veröffentlichte der reformierte Pfarrer Till Mohr sein monumentales, 600-seitiges Werk mit dem Titel: „Kehret zurück, ihr Menschenkinder". Er möchte damit eine Grundlegung einer „christlichen Reinkarnationslehre" vorlegen. Der Autor bietet eine beträchtliche Anzahl von Bibelstellen um zu beweisen, dass die Reinkarnation zum christlichen Glauben dazu gehört. Er behauptet außerdem, der katholische Reformtheologe Hans Küng und der evangelisch reformierte Theologe Zwingli hätten sich für die Integration der Seelenwanderung in den christlichen Glauben ausgesprochen. –

Mich hat das Buch nicht überzeugt. So stellt Küng in seinem Buch über die Ewigkeit die Frage der Integration der Seelenwanderung in den christlichen Glauben nur, um sie später zu verneinen. Auch die Belege für Zwingli im Buch sind äußerst schwach. Es wird nicht Zwinglis eigene Überzeugung wiedergegeben, sondern seine Auseinandersetzung mit der Position der Reinkarnation.

Ich sehe außerdem weder in Johannes dem Täufer die Reinkarnation des Propheten Elia (Matthäus 11,14) noch halte ich das Gespräch zwischen Jesus und Nikodemus (Johannes 3,1 ff.) als einen Beleg dafür, dass Jesus die Seelenwanderung als heilsnotwendig verkündigt hat.

6. Nahtoderlebnisse

Nahtoderlebnisse sind in den letzten 40 Jahren wissenschaftlich sehr genau erforscht und dokumentiert worden. Es gibt dazu auch gute theologische Stellungnahmen (Küng / Zink: Auferstehung / Ewald / Eibach).

Eine der ersten deutschen Veröffentlichungen zum Thema ist das lesenswerte Buch von Eckart Wiesenhütter im Jahr 1974, dem ehemaligen Leitenden Chefarzt der von Bodelschwinghschen Anstalten Bethel. Das Spannende an Nahtoderfahrungen ist, dass sie unsere derzeitigen wissenschaftlichen Modelle übersteigen. Weltweit machen Menschen im Sterben die gleichen Erfahrungen: Glücksgefühl, helles Licht, Wiedersehen von Verstorbenen, die Grenze, das Zurückkehren, die Traurigkeit, nicht dort bleiben zu können, der Verlust der Angst vor dem Tod, eine deutliche Veränderung des Lebenswandels. Man merkt in der Darstellung der Erfahrungsberichte auch die jeweiligen kulturellen und religiösen Prägungen der Menschen, und ein kleiner Anteil berichtet auch von negativen Erfahrungen.

Schwierig ist, dass die Nahtoderlebnisse von allen Seiten in Anspruch genommen werden. Sie gelten als Beweis für den christlichen Glauben (Piper / Sjogren) ebenso wie für die Reinkarnation (Mohr) und für Jägers Mystik (Jäger).

DANK

Dieses Buch hat vielfältige Unterstützung erfahren.
Ich bedanke mich besonders bei
Willy Gordienko, Diakon Heinrich Fallner, Lehrerin Friedlinde Hark, Familientherapeut Franz Hilker, Prof. Dr. Andreas Lindemann, meinem Lektor Hans Möhler, Hannelore Pooch, Prof. Dr. Angelika Reichert, meinen verstorbenen Eltern Helga und Gerhard Rosenstock, meiner Frau Michaela, Diakonin Andrea Steinkühler, Prof. Dr. Rolf Wischnath und Sylvia Wulfhorst,
die mir wichtige Anregungen und Korrekturen zu diesem Buch gegeben haben.

KOMMENTIERTES LITERATURVERZEICHNIS

Diese Literatur hat mir beim Schreiben meines Buches geholfen. Zu einigen Büchern gebe ich einen kurzen Kommentar.
Aussagen zum „Wiedersehen im Jenseits" gebe ich hier noch einmal wieder.

Arbeitshilfe zum UEK Votum: Unsere Hoffnung auf das ewige Leben unter: www.uek-online.de/download/Arbeitshilfe1.pdf.

Benedikt XVI.: Eschatologie. Tod und ewiges Leben. Neuauflage Regensburg 2007.

Ein Buch des Theologieprofessors Ratzinger von 1977, das er als Papst neu herausgegeben hat. Benedikt hält am Begriff der „unsterblichen" Seele fest, was ich problematisch finde. Sehr gut finde ich, dass für Ratzinger das Beziehungsverhältnis zwischen Gott und Mensch leitend ist: „Unsterblichkeit steckt nicht im Menschen selbst; sie beruht auf einer Relation, auf der Beziehung zu dem, was ewig ist (...) Dieses Beständige, das Leben geben und erfüllen kann, ist die Wahrheit, die Liebe" (Seite 219). Auf das „Wiedersehen" kommt Ratzinger indirekt zu sprechen, wenn er über den Bezug zu den Heiligen schreibt: „Wenn Himmel auf dem Insein in Christus gründet, dann schließt er das Mitsein all derer ein, die zusammen den einen Leib Christi bilden.
Der Himmel kennt keine Isolierung; er ist die offene

Gemeinschaft der Heiligen und so auch die Erfüllung alles menschlichen Miteinander“ (Seite 186).

Berger, Klaus: Ist mit dem Tod alles aus? Gütersloh 3. Auflage 2006.
Berger schreibt auf Seite 189, dass Gott das „Netz der Liebe“ bewahrt und damit ein Wiedersehen nach dem Tod ermöglicht.

Bickel, Margot: Die Liebe ist größer als der Tod. Freiburg 2004.
Das Zitat steht auf Seite 56. „Es ist gut / in der Ewigkeit / sehen wir uns wieder / für immer.“

Bonhoeffer, Dietrich: Dietrich Bonhoeffer Werke, Bd. 8 Widerstand und Ergebung. Hg. v. Eberhardt Bethge u.a., Gütersloh 1998.
Das Zitat findet sich auf Seite 255.

Buchholz, Martin: Was machen wir hinterher? Hanns Dieter Hüsch – Bekenntnisse eines Kabarettisten. Moers 2005.
Der Liedtext ist auf den Seiten 257–258 und auf der zugehörigen CD als Lied unter der Nummer 31.

Die Toten Hosen Live: Im Auftrag des Herrn. Live-Konzert 1996.
Der Titel des zitierten Liedes heißt: Wünsch DIR was.

Eibach, Ulrich: Nahtoderlebnisse – Blick ins „Jenseits“? In: Bieneck/Hagedorn/Koll (Hg.): „Ich habe ins Jenseits geblickt“. Neukirchen-Vluyn, 2. Auflage 2006.
Das Zitat findet sich auf Seite 216 f. Eibach schreibt auf Seite 217 von der Auferstehung als einer personalen

„Gemeinschaft der Liebe mit Gott und unter den Menschen".
In der Auseinandersetzung mit Nahtoderlebnissen entfaltet der Theologieprofessor Eibach außerdem die christliche Hoffnung auf das Ewige Leben in für mich beeindruckender Weise.

Ewald, Günter: Gibt es ein Jenseits? Auferstehungsglaube und Naturwissenschaften. Kevelaer u.a., 2. Auflage 2003.
Für den Physikprofessor Ewald ist die Hoffnung auf ein Leben nach dem Tod naturwissenschaftlich gesehen möglich und sinnvoll. Der christliche Auferstehungsglaube widerspricht dabei der neueren Physik keineswegs. Einige seiner Thesen: Das Jenseits muss räumlich und zeitlich sein. Materie ist ein Ergebnis von Schwingungen, Musik vergleichbar. Das Bewusstsein des Menschen nutzt sein Gehirn, aber das Gehirn muss nicht der einzige Informationsspeicher des Bewusstseins sein.
Zur Diskussion mit den Naturwissenschaften siehe auch John Polkinghorne.

Gemeinschaftsliederbuch: Jesus unsere Freude. Dillenburg 1995. Lied Nummer 723: Wenn nach der Erde Leid. Hedwig von Redern, 1905.
„Dort vor dem Throne im himmlischen Land treff ich die Freunde, die hier ich gekannt."

Gestrich, Christof: Die Seele des Menschen und die Hoffnung der Christen. Evangelische Eschatologie vor der Erneuerung. Frankfurt am Main 2009.
Ein wissenschaftlich überaus kenntnisreiches Buch zur Seele. Gestrich versteht die Seele als „Strebekraft der Übereinstimmung mit sich selbst" (Seite 140 und öfter).

Er will den Begriff der „Seele“ in der evangelischen Theologie wieder neu zur Geltung bringen.

Gollwitzer/Kuhn/Schneider (Hg.): Du hast mich heimgesucht bei Nacht. München 1964.

Das Zitat findet sich auf Seite 108. Der Widerstandskämpfer Hans-Bernd von Haeften schreibt an seine Frau kurz vor der Hinrichtung: „Aber wir haben eine Ewigkeit vor uns, um uns Liebe zu erweisen.“

Grün, Anselm: Bis wir uns im Himmel wieder sehen. Stuttgart 2004.

Das Zitat befindet sich auf Seite 29:
„Du wirst den Menschen, den du hier geliebt hast, auch in der Ewigkeit bei Gott lieben.“

Härle, Wilfried: Dogmatik. Berlin, 3. überarb. Auflage 2007.

In wissenschaftlicher Sprache eine sehr hilfreiche Darstellung des christlichen Glaubens, der ich wichtige Einsichten verdanke.

Hollenweger, W. J.: Evangelisation gestern und heute. Stuttgart 1973.

Das Zitat findet sich auf Seite 89.

Hüsch, Hanns Dieter: Wir sehen uns wieder. Geschichten zwischen Himmel und Erde. München 1995.

Das Zitat findet sich auf Seite 125.

Jäger, Willigis: Die Welle ist das Meer. Mystische Spiritualität. Freiburg im Breisgau 2007.

Jägers Mystik ist ein Gegenentwurf zum christlichen Glauben.

Jüngel, Eberhard: Tod. Gütersloh 1971.
Ein einflussreiches Buch, das die Theologie der evangelischen Pfarrerinnen und Pfarrer lange bestimmt hat und die „Ganztod-Hypothese“ vertritt.

Kaiser/Lohse: Tod und Leben. Stuttgart 1977.
Das Zitat findet sich auf Seite 45:
„Und wenn es für die Israeliten einen mit dem Tode verbundenen Hoffnungsschimmer gab, war es eben der, in seinem Tode leiblich und als Schatten in dem Geschlechterverband geborgen zu bleiben.“

Kaschnitz, Marie Luise: Ein Leben nach dem Tode. Aus: dies: Gesammelte Werke Band 5. Frankfurt am Main 1985. Und deine Hand / Wieder in meiner.

Katechismus der Katholischen Kirche. München 2003.
Das Zitat zur „unsterblichen Seele“ findet sich auf Seite 124.

Körtner, Ulrich H. J.: Wie lange noch, wie lange? Über das Böse, Leid und Tod. Neukirchen-Vluyn 1998.
Das Zitat findet sich auf den Seiten 114 und 115. Das Buch ist eine tiefsinnige Auseinandersetzung mit Leiden und Tod. Körtner versteht den christlichen Glauben mit Luther als „Lebensmut“, der auch den Tod nicht mehr zu fürchten braucht.

Küng, Hans: Ewiges Leben? München 8. Auflage 1990.
Das Zitat findet sich auf Seite 140. Küngs kenntnisreiche Vorlesungen setzen sich auch mit Nahtoderlebnissen, den Vorstellungen anderer Religionen und der Frage nach einem menschenwürdigen Sterben auseinander.

Es ist verständlich geschrieben und immer noch für mich ein wichtiges Standardwerk.

Lewis, C. S.: Über die Trauer. Leipzig 1999.
Das Zitat befindet sich auf Seite 80. Nachdem die Ehefrau von Lewis an Krebs gestorben ist, schreibt er ein Tagebuch über seinen Prozess der Trauer. Wir lesen von seiner Wut, Verzweiflung, die Auseinandersetzung mit Gott und eine kurze Begegnung mit der Verstorbenen: „In keiner Stimmung hatte ich mir die Toten je so – nun, so sachlich vorgestellt. Und doch herrschte ein vollkommenes und frohes Einvernehmen."

Lindemann, Andreas: Auferstehung. Gedanken zur biblischen Überlieferung. Göttingen 2009.
Der Professor für Neues Testament erzählt in sechs Predigten und einer Auslegung des Heidelberger Katechismus über seine Hoffnung angesichts der Auferstehung Jesu Christi. Lesenswert und ermutigend. Lindemann grenzt sich – anders als ich – gegen jedes Verständnis der Seele ab, die den Tod überdauert. Er betont die Auferstehung als Neuschöpfung Gottes. Zugleich hält er auf Seite 132 aber fest: „Gottes Gedenken an mich, Gottes Fürsorge für mich, seine Liebe zu mir wird sein, solange Gott ist – also ewig."

Meesmann, Hartmut (Hg.): Mystik – der wahre Weg zu Gott? Die Kontroverse um den Benediktinerpater und Zen-Lehrer Willigis Jäger. Oberursel 2010.

Mohr, Till A.: Kehret zurück, ihr Menschenkinder! Die Grundlegung einer christlichen Reinkarnationslehre. Grafing 2004.

Moltmann, Jürgen: Im Ende – der Anfang. Eine kleine Hoffnungslehre. Gütersloh 2003.

Moltmanns Hoffnungslehre ist aus meiner Sicht eins der bedeutendsten Bücher zur Frage nach dem Tod und unserem Leben danach.
Moltmann schreibt auf Seite 165, dass Christus uns wieder bringt, was wir geliebt haben: „Die Trennung von den geliebten Menschen und die erfahrene Verlassenheit der Liebe sind nicht das Ende." Denn „Menschen nehmen einander ‚in Gott' wahr und erkennen sich. Das ist viel mehr als ein ‚Wiedersehen', nach dem viele Hinterbliebene fragen" (Seite 174).

Multerer-Heiniger, Madeleine: Geburt im Dunkeln – Erfahrungen mit Krebs. Zürich 1993.

Das Zitat steht auf Seite 15. Sie starb mit 32 Jahren an Krebs. Zusammen mit ihrem Seelsorger ging sie auf ihren Tod zu. Eigene Zeichnungen und kurze Texte skizzieren diesen Prozess eindrücklich.

Piper/Murphey: 90 Minuten im Himmel. Erfahrungen zwischen Leben und Tod. Asslar 2007.

Pooch, Olga: Das zitierte Gebet ist handschriftlich überliefert. Ich danke Frau Hannelore Pooch für die Genehmigung, es hier abdrucken zu dürfen.

Polkinghorne/Welker: An den lebendigen Gott glauben. Gütersloh 2005.

Dieses Buch ist spannend, weil John Polkinghorne Professor für Mathematische Physik in Camebridge und Theologe ist. Er deutet die christlichen Inhalte im Gespräch mit den Naturwissenschaften.

Zur Diskussion mit den Naturwissenschaften siehe auch Günter Ewald.

Reichert, Detlef: Meine Zeit steht in Deinen Händen. Ansprachen zu Leben, Tod und Auferstehung. Hamburg 1996.
Eine Sammlung von Beerdigungsansprachen des Autors, die die christliche Hoffnung in eindrucksvoller Klarheit zur Sprache bringen.

Schellenberger, Bernardin: Auf den Wegen der Sehnsucht. Freiburg im Breisgau 2004.

Sölle, Dorothee: Mystik des Todes. Stuttgart 2003.
Die Vorstellung eines Widersehens bezeichnet sie als „verlogen" (Seite 139).

Stutz, Pierre: Engel des Trostes wünsche ich dir. Briefe an Trauernde, Freiburg 2004.
Zitat auf Seite 70. Dort äußert er die Überzeugung, dass wir mit unseren Verstorbenen durch Gott weiterhin in Kontakt bleiben und sie uns „die Kraft der Ewigkeit" bringen.

Sjogren, Steve: Der Tag, an dem ich starb. Asslar 2008.

Theologisches Wörterbuch zum Neuen Testament. Stuttgart 1973.

UEK: Unsere Hoffnung auf das ewige Leben.
Ein Votum der Union Evangelischer Kirchen in der EKD. Neukirchen-Vluyn 2006.
Das Zitat findet sich auf Seite 124. Diese Veröffentlichung der Union vertritt die Auffassung, dass wir uns im

Ewigen Leben wieder sehen (Seite 120, 124), außerdem den Gedanken der Allversöhnung (Seite 94 ff.).

Weiher, Erhard: Das Geheimnis des Lebens berühren. Spiritualität bei Krankheit, Sterben, Tod.
Stuttgart 2. Auflage 2009.
Das Zitat steht auf Seite 72. Auch dies ist das Buch eines Physikers. Er arbeitet als Pfarrer in der Krankenhausseelsorge und schreibt sehr hilfreich über die Möglichkeiten der spirituellen Begleitung Sterbender.

Wischnath, Rolf: Wo sind die Toten? Einige Anmerkungen zu einer evangelischen Lehre vom „Zwischenzustand". Manuskript von seinem Vortrag am 17. November 2010 in Gütersloh.
Ein beeindruckender Vortrag, dem hoffentlich bald ein Buch folgt.
Wischnath schreibt zur Ganztod-Hypothese:
„Wenn Gott den Sünder im Geschehen von Kreuz und Auferstehung Jesu versöhnt und errettet, warum soll dann dieser Mensch in seinem Tod so gänzlich vernichtet werden, dass nach menschlichem Ermessen nichts, aber auch gar nichts von ihm bleibt?"

Wiesenhütter, Eckart: Blick nach drüben. Selbsterfahrung im Sterben. Gütersloh 1974.

Wilkens, Ulrich: Hoffnung gegen den Tod. Neuhausen, Stuttgart, 2. Auflage 1997.
Wilkens schreibt auf Seite 94, dass Christus von den Toten auferstanden ist und Lebende und Tote so mit sich verbindet „und verbunden hält".

Wolff, Hans Walter: Anthropologie des Alten Testaments. Neuausgabe von Bernd Janowski. Gütersloh 2010.
Das Zitat befindet sich auf Seite 166.

Zink, Jörg: Auferstehung. Am Ende ein Gehen ins Licht. Stuttgart 2005.
Für mich eins der besten Bücher zum Thema. Eine gründliche Analyse der Bibeltexte. Eine gute Alternative zur Ganztod-Hypothese in verständlicher und klarer Sprache.

Zink, Jörg: Trauer hat heilende Kraft. Stuttgart 2005.
Das Zitat findet sich auf Seite 22; dort schreibt er: „Ich glaube an ein Finden und Begegnen – wie hier, so in der anderen Welt."

Zink, Jörg: Was kommt nach dem Leben? Stuttgart 2001.
Das Zitat findet sich auf Seite 44.

Zuckmayer, Carl: Der Rattenfänger. Frankfurt 1997.
Das Zitat mit der Geburt findet sich auf Seite 273.

Zuckmayer, Carl: Der Hauptmann von Köpenick. Frankfurt am Main 2010.
Das Zitat findet sich auf Seite 107.